AF193494

JOSÉ ANTONIO PAGOLA

PASTORAL R RENOVADA

SILENCIO Y ESCUCHA FRENTE A LA CULTURA DEL RUIDO

PPC

© 2024, José Antonio Pagola
© 2024, PPC, Editorial y Distribuidora, SA
Impresores, 2
Parque Empresarial Prado del Espino
28660 Boadilla del Monte (Madrid)
ppcedit@ppc-editorial.com
www.ppc-editorial.com

ISBN 978-84-288-4196-2
Depósito legal: M-16915-2024
Impreso en la UE / *Printed in EU*

INTRODUCCIÓN[1]

El recorrido que pretendo hacer en mi modesta exposición es muy sencillo.

Señalaré, en primer lugar, algunos rasgos de la cultura del ruido y la superficialidad.

En un segundo momento, trataré de dibujar el perfil de hombre vacío y superficial que la sociedad moderna tiende a generar.

Me detendré después a subrayar la sordera que producen el ruido y la superficialidad de nuestros días para escuchar a Dios.

Solo después trataré de situar el silencio monástico en la moderna sociedad del ruido.

Terminaré mi exposición sugiriendo el inestimable servicio que la vida monástica puede ofrecer en nuestros días al hombre moderno, a los cristianos y a la Iglesia.

---

[1] Ponencia pronunciada en Loyola, durante la XXVII Semana de Estudios Monásticos (13-09-2001).

1

Cultura del ruido y la superficialidad

No es mi intención estudiar la cultura moderna del ruido y de la superficialidad analizando sus raíces, consecuencias, evolución actual o perspectivas de futuro. Me limitaré a señalar algunos de sus rasgos fundamentales para describir el perfil del hombre ruidoso y superficial que tiende a generar la sociedad moderna.

1. La explosión de los *mass-media*

Los "media" se han convertido en la sociedad moderna en el instrumento más poderoso de formación y socialización de los individuos. Han logrado ya sustituir en buena parte a la Iglesia, la familia, la escuela o los partidos como instancia de creación y transmisión de cultura. Sin duda, son muchos sus efectos positivos tanto de orden informativo como cultural y social, pero no se ha de olvidar su capacidad de generar una sociedad ruidosa y superficial.

La invasión de la información abruma a los individuos, y la rapidez con que se suceden las noticias impide cualquier reflexión duradera. El individuo vive sobresaturado de información, reportajes, publicidad y reclamos. Su conciencia queda captada por todo y por nada, excitada por todo tipo de impresiones e impactos y, a la vez, indiferente a casi todo. Los medios ofrecen, por otra parte, una visión fragmentada, discontinua y puntual de la realidad, que hace muy difícil la posibilidad de síntesis alguna. Se informa de todo, pero casi nada es sólidamente asimilado. Al contrario, este tipo de información tiende a disolver la fuerza interior de las convicciones empujando a los individuos a vivir hacia fuera.

Es altamente significativo el impacto de la televisión. En pocos años se ha convertido en una "gran fábrica de consumo social" y de alienación masiva. Ella dicta las ideas y convicciones, los centros de interés, los gustos y las expectativas de las gentes. Desde la pequeña pantalla se impone la imagen de la vida que hemos de tener y las creencias que hemos de alimentar.[2]

Por otra parte, la televisión produce imágenes y arrincona conceptos, desarrolla el puro acto de mirar y atrofia la capacidad de reflexión, da primacía a lo insólito sobre lo real, al espectáculo sobre la meditación.[3] Cada vez más, la televisión busca distraer, impactar, retener la audiencia. Se busca la emoción del directo, la novedad de lo inesperado, lo sensacional.

En la sociedad de los *mass-media* se propagan toda clase de imágenes y datos, las conciencias se llenan de noticias e información, pero disminuye la atención a lo interior y decrece la capacidad de interpretar y vivir la existencia desde sus raíces. Se oyen toda clase de palabras y mensajes, pero apenas se escucha el misterio del propio ser. El individuo pasa muchas horas ante el televisor, pero apenas medita y desciende hasta el fondo del propio corazón.

---

[2] R. GUBERN, *El simio informatizado*, Eundesco, Madrid 1987.
[3] G. SARTORI, *Homo videns. La sociedad teledirigida*, Taurus, Madrid 1998.

2. Hipersolicitación y seducción permanente

Uno de los rasgos más visibles de la sociedad de consumo es la profusión de productos, servicios y experiencias. La abundancia hace posible la multiplicación de elecciones. Cada vez es mayor la gama de productos y modelos expuestos en los centros comerciales e hipermercados. Los restaurantes especializados ofrecen toda clase de menús y combinaciones.

Podemos seleccionar entre un número ilimitado de cadenas televisivas. Las agencias proponen todo tipo de viajes, experiencias y aventuras. Se pueden comprar toda clase de obras de divulgación o revistas especializadas, y seguir programas radiofónicos de consejos psicológicos, médicos o culinarios. La hipersolicitación, la estimulación de necesidades, la profusión de posibilidades son ya parte integrante de la sociedad moderna.

No es solo esto. La seducción se está convirtiendo en el factor general que tiende a regular el consumo, las costumbres, la educación y la organización de la vida. Es la nueva estrategia que parece regirlo todo.[4] El individuo no es solo solicitado por mil estímulos. Todo le es sutilmente presentado como tentación y proximidad. Todo es posible. Hay que saber disfrutar.

Esta lógica seductora y hedonista tiende a privilegiar el cuerpo y los sentidos, no el espíritu o la vida interior. El cuerpo, con su cortejo de solicitudes y cuidados, se convierte en verdadero objeto de culto. Se cuida la higiene, la línea y el peso; se vigila el mantenimiento físico: chequeos, masajes, sauna, deporte, *footing*. Todo es poco. El cuerpo ha de ser valorado, cuidado, sentido, exhibido, admirado. Sin duda, hay algo muy positivo en esta recuperación del cuerpo. Sin embargo, cuando se olvida la dimensión espiritual de la persona, puede engendrar una existencia vacía y superficial donde se llega a cuidar más la apariencia que lo esencial.

---

[4] G. LIPOVETSKY, *La era del vacío. Ensayos sobre el individualismo contemporáneo*, Anagrama, Barcelona 1987², sobre todo 17-48.

3. El imperio de lo efímero

Tal es el título de un conocido estudio del profesor de Grenoble, G. Lipovetsky, sobre la moda y el espíritu de nuestros tiempos.[5] La sociedad moderna está dirigida por la moda, no por la religión, las ideologías o los ideales políticos. Es ella el principio que organiza la vida cotidiana de los individuos y la producción sociocultural. Ella dicta los cambios de gustos, valores, tendencias y costumbres. Según G. Lipovetsky, vivimos en una época de "moda plena".

Pero decir moda es decir institucionalización del consumo, seducción de los sentidos, variación rápida de formas, proliferación de nuevos modelos, creación a gran escala de necesidades artificiales, organización social de la apariencia, generalización de lo efímero. Se cultiva el gusto por lo nuevo y diferente más que por lo verdadero y bueno. Las conciencias se mueven bajo el imperio de lo superficial y caduco.

La dictadura de la moda crea todo un estilo de vivir en la movilidad y el cambio permanente.

---

[5] G. LIPOVETSKY, *El imperio de lo efímero. La moda y su destino en las sociedades modernas*, Anagrama, Barcelona 1990.

Se cambia de televisor o de coche, pero se cambia también de pareja y de manera de pensar. Nada hay absoluto. Todo es efímero, móvil e inestable. Crece la inconsistencia y la frivolidad. Lo inmediato prevalece sobre la fidelidad. Se vive la ideología de lo espontáneo. Nada permanece, nada se enraíza. Decae la pasión por las grandes causas y crece el entusiasmo por lo pasajero. Esclavo de lo efímero, difícilmente puede conocer ya algo firme y consistente sobre lo cual edificar su existencia.

La cultura moderna se convierte así en una cultura de la "intrascendencia", que ata a la persona al "aquí" y al "ahora" haciéndole vivir solo para lo inmediato, sin necesidad de abrirse al misterio de la trascendencia. Una cultura del "divertimiento" que arranca a la persona de sí misma, haciéndola vivir en el olvido de las grandes cuestiones que lleva en su corazón el ser humano. En contra de la máxima agustiniana, "no salgas de ti mismo; en tu interior habita la verdad", el ideal más generalizado es vivir fuera de uno mismo.[6]

---

[6] Ver el excelente trabajo de J. MARTÍN VELASCO, *Ser cristiano en una cultura posmoderna*, PPC, Madrid 1997.

4. La huida hacia el ruido

No es fácil vivir el vacío que crea la superficialidad de la sociedad moderna. Sin vida interior,
sin meta y sin sentido, el individuo queda a mer-
ced de toda clase de impresiones pasajeras,
desguarnecido ante lo que puede agredirlo
desde fuera o desde dentro. Es normal entonces
que busque experiencias que llenen su vacío o,
al menos, lo hagan más soportable. Uno de los
caminos más fáciles de huida es el ruido.

Vivimos en la "civilización del ruido"[7]. Poco
a poco, el ruido se ha ido apoderando de las
calles y los hogares, de los ambientes, las men-
tes y los corazones. Hay, en primer lugar, un
ruido exterior que contamina el espacio urbano
generando estrés, tensión y nerviosismo. Un
ruido que es parte integrante de la vida moderna,
alejada cada vez más del entorno sereno de la
naturaleza. La sociedad del bienestar ha decidido
luchar contra este ruido privilegiando el silencio,
tomando medidas más estrictas para hacerlo
respetar, insonorizando las viviendas o promo-
viendo el éxodo hacia el campo.

---

[7] M. DE SMEDT, *Éloge du silence*, Albin Michel, París 1986.

Pero hay en la sociedad moderna otro ruido contra el que no se lucha, sino que se busca. La persona superficial no soporta el silencio. Aborrece el recogimiento y la soledad. Lo que busca es ruido interior para no escuchar su propio vacío: palabras, imágenes, música, bullicio. De esta forma es más fácil vivir sin escuchar ninguna voz interior; estar ocupado en algo para no encontrarse con uno mismo; meter ruido para no oír la propia soledad.

El ruido está hoy dentro de las personas, en la agitación y confusión que reina en su interior, en la prisa y la ansiedad que domina su vivir diario. Un ruido que, con frecuencia, no es sino proyección de problemas, vacíos y contradicciones que no han sido resueltos en el silencio del corazón.

Pero el hombre moderno está lejos de aprender a entrar en sí mismo para crear el clima de silencio indispensable para reconstruir su mundo interior. Lo que busca es un ruido suave, un sonido agradable que le permita vivir sin escuchar el silencio.

Es significativo el fenómeno de la "explosión musical" en la sociedad moderna. El hombre de nuestros días oye música de la mañana a la noche. La música se ha convertido en el entorno permanente de no pocos. Se oye música en el trabajo y en el restaurante, en el coche, el autobús o el avión, mientras se lee o se hace deporte. Se vive "la música continua".

Parece como si el individuo moderno sintiera la necesidad secreta de permanecer fuera de sí mismo, de ser transportado, de verse envuelto en un ambiente embriagante, con la conciencia agradablemente anestesiada.

2

Perfil de la persona privada de silencio y hondura

Nada mejor para conocer los efectos devastadores de esta cultura del ruido y la superficialidad que intentar dibujar, siquiera brevemente, los rasgos y el perfil de persona que tiende a generar.

1. Sin interioridad

El ruido disuelve la interioridad; la superficialidad la anula. El individuo entra en un proceso de desinteriorización y banalización. Privado de silencio vive desde fuera, en la corteza de sí mismo. Toda su vida se va haciendo exterior. Sin contacto con lo esencial de sí mismo, conectado con todo ese mundo exterior en el que se encuentra instalado, el individuo se resiste a la profundidad, no es capaz de adentrarse en su mundo interior. Prefiere seguir viviendo una existencia intrascendente donde lo importante es vivir entretenido, funcionar sin alma, vivir solo de pan, continuar muerto interiormente antes que exponerse al peligro de vivir en la verdad y la plenitud.

Lo decía ya en su tiempo Pablo VI:

"Nosotros, hombres modernos, estamos demasiado extrovertidos, vivimos fuera de nuestra casa, e incluso hemos perdido la llave para volver a entrar en ella."[8]

2. Sin núcleo unificador

El ruido y la superficialidad impiden vivir desde un núcleo interior. La persona se disgrega y se disuelve. Le falta un centro unificador. El individuo es llevado y traído por todo lo que, desde fuera o desde dentro, lo arrastra en una dirección u otra.

La existencia se hace cada vez más inestable, cambiante y frágil. No es posible la consistencia

---

[8] PABLO VI, "Homilía durante la misa de Pentecostés" (18 de mayo de 1975), en *Ecclesia* 1744 (junio 1975), 770.

interior. No hay metas ni referencias básicas. La vida se va convirtiendo en un laberinto. Ocupada en mil cosas, la persona se mueve y agita sin cesar, pero no sabe de dónde viene ni a donde va. Fragmentada en mil trozos por el ruido, la hipersolicitación, los deseos o las prisas, ya no encuentra un hilo conductor que oriente su vida, una razón profunda que sostenga y dé aliento a su existencia.

3. Alienación

Es normal entonces vivir dirigido desde el exterior. El individuo sin silencio no se pertenece, no es enteramente dueño de sí mismo. Es vivido desde el exterior. Volcado hacia lo externo, incapaz de escuchar las aspiraciones y deseos más nobles que nacen de su interior, vive como un "robot" programado y dirigido desde fuera.

Sin cultivar el esfuerzo interior y cuidar la vida del espíritu, no es fácil ser verdaderamente libre. De hecho, el estilo de vida que impone hoy la sociedad aparta a las personas de lo esencial, impide su crecimiento integral y tiende a construir seres serviles y triviales, llenos de tópicos y sin originalidad alguna. Muchos suscribirían la oscura descripción de G. Hourdin:

"El hombre se está haciendo incapaz de querer, de ser libre, de juzgar por sí mismo, de cambiar su modo de vida. Se ha convertido en el robot disciplinado que trabaja para ganar dinero que después disfrutará en unas vacaciones colectivas. Lee las revistas de moda, escucha las emisiones de T.V. que todo el mundo escucha. Aprende así lo que es, lo que quiere, como debe pensar y vivir. El ciudadano robot de la sociedad de consumo pierde su personalidad."[9]

4. Confusión interior

El hombre lleno de ruido y superficialidad no puede conocerse directamente a sí mismo. Un mundo superpuesto de imágenes, ruidos, contactos, impresiones y reclamos se lo impide. La persona no conoce su auténtica realidad; no tiene oído para escuchar su mundo interior, ni siquiera lo sospecha.

---

[9] G. HOURDIN, *Proceso a la sociedad de consumo*, Dopesa, Barcelona 1970, 59.

El ruido crea confusión, desorden, agitación, pérdida de armonía y equilibrio. La persona no conoce la quietud y el sosiego. El ansia, las prisas, el activismo, la irritación se apoderan de su vida. El hombre de nuestros días ha aprendido muchas cosas y está superinformado de cuanto acontece, pero no sabe el camino para conocerse a sí mismo.

5. Incapacidad para el encuentro

El hombre ruidoso y superficial no puede comunicarse con los otros desde su verdad más esencial. Volcado hacia fuera, vive paradójicamente encerrado en su propio mundo, en una condición que alguien ha llamado "egocentrismo extravertido"[10], cada vez más incapaz de entablar contactos vivos y amistosos; con el corazón endurecido por el ruido y la frivolidad, se vive entonces defendiendo cada uno su pequeño bienestar cada vez más intocable y cada vez más triste y aburrido.

---

[10] N. CABALLERO, *El camino de la libertad. Para ser persona es necesario el silencio*, Edicep, Valencia 1980⁵, 41.

La sociedad moderna tiende a configurar individuos aislados, vacíos, reciclables, incapaces de verdadero encuentro con los otros, pues encontrarse es mucho más que verse, oírse, tocarse, sentirse o unir los cuerpos. Estamos creando una sociedad de hombres y mujeres solitarios que se buscan unos a otros para huir de su propia soledad y vacío, pero que no aciertan a encontrarse. Muchos no conocerán nunca la experiencia de amar y ser amados en verdad.

3

La sordera
para escuchar a Dios

Se ha dicho que "el problema del hombre no religioso es esencialmente un problema de ruido"[11]. Probablemente hay en ello mucho de verdad. El ruido y la superficialidad dificultan y hasta impiden la apertura a la trascendencia, y sin esta apertura ya no hay verdadera fe ni religión, aunque lo parezca.

1. Represión de la relación con Dios

Quien vive aturdido interiormente por toda clase de ruidos y zarandeado por mil impresiones pasajeras, sin detenerse nunca ante lo esencial, difícilmente se encuentra con Dios. ¿Cómo podrá percibir su presencia si existe fuera de sí, separado de su raíz, volcado sobre su pequeño bienestar? ¿Cómo escuchara su voz si vive de

---

[11] N. CABALLERO, *ibidem*, 68.

forma ruidosa, dispersa y fragmentada, en función de sus propios gustos y no de un proyecto más noble de vida? ¿Cómo podrá, sin escucha interior, intuir que "el hombre es un ser con un misterio en su corazón, que es mayor que él mismo" (H. von Balthasar)?

V. Frankl ha hablado de la presencia latente de Dios en lo profundo de muchas personas cuya relación con él ha quedado como reprimida.[12] Instaladas en una vida pragmática y superficial que les impide llegar con un poco de hondura al fondo de su ser, su apertura a Dios queda reprimida y atrofiada. Solo interesa la satisfacción inmediata y el bienestar a cualquier precio. No queda sitio para Dios.

En la sociedad moderna, Dios es para muchos no solo un "Dios escondido", sino un Dios imposible de hallar. Su vida transcurre al margen del misterio. Fuera de su pequeño mundo, nada hay importante. Dios es, cada vez más, una palabra sin contenido, una abstracción. Lo verdaderamente trascendental es llenar esta corta

---

[12] V. FRANKL, *La presencia ignorada de Dios. Psicoterapia y religión*, Herder, Barcelona 1988.

vida de bienestar y de experiencias placenteras. Eso es todo.

Entonces, tal vez, solo queda sitio para un Dios convertido en "artículo de consumo" del que se intenta disponer según las propias conveniencias e intereses, pero no para el Dios vivo, revelado en Jesucristo, que suscita la adoración, el júbilo y la acción de gracias.

2. En la epidermis de la fe

La cultura del ruido y la superficialidad va erosionando también la fe de no pocos cristianos cuya vida transcurre sin experiencia interior, que solo saben de Dios "de oídas". Hombres y mujeres que escuchan palabras religiosas y practican ritos sin beber nunca de la fuente. Bautizados que "no han oído hablar del Espíritu Santo", pues nada ni nadie les ayuda a percibir su presencia iluminadora, amistosa, consoladora en el fondo de sus almas. Gentes buenas, arrastradas por el clima social de nuestros días, que siguen cumpliendo con sus prácticas religiosas, pero que no conocen al Dios vivo que alegra la existencia y desata las fuerzas para vivir.

En nuestros días se sigue hablando de Dios, pero son pocos los que buscan al que se esconde tras esa palabra. Se habla de Cristo, pero nada decisivo se despierta en los corazones. Incluso se diría que "tener fe" parece dispensar de la aventura de buscar el rostro de Dios. Todo queda a veces reducido a una religiosidad interesada, poco desarrollada y adherida casi siempre a imágenes y vivencias empobrecidas de la infancia.

En la sociedad del ruido y la superficialidad todo es posible: rezar sin comunicarse con Dios, comulgar sin comulgar con nadie, celebrar la liturgia sin celebrar nada. Tal vez, siempre ha podido ser así, pero hoy todo favorece más que nunca el riesgo de ese cristianismo sin interioridad que Marcel Legaut ha llamado "la epidermis de la fe"[13].

3. Mediocridad espiritual

La ausencia de silencio ante Dios, la falta de escucha interior y el descuido del Espíritu están

---

[13] M. LEGAUT, "Convertirse en discípulo", *Cuadernos de la Diáspora* 2 (1994), 70-71.

llevando a la Iglesia a una "mediocridad espiritual" generalizada. K. Rahner consideraba que el verdadero problema de la Iglesia contemporánea es "seguir tirando con una resignación y un tedio cada vez mayores por los carriles habituales de una mediocridad espiritual"[14].

De poco sirve entonces reforzar las instituciones, salvaguardar los ritos, custodiar la ortodoxia o imaginar nuevas empresas evangelizadoras. Es inútil pretender desde fuera con la organización, el trabajo o la disciplina lo que solo puede nacer de la acción del Espíritu en los corazones. Vivimos una mediocridad que generamos entre todos por nuestra forma empobrecida y superficial de vivir el misterio cristiano. Basta señalar algunos signos.

- En la Iglesia hay actividad, trabajo pastoral, organización, planificación, pero, con frecuencia, se trabaja con una falta alarmante de "atención a lo interior", buscando un tipo de eficacia inmediata y visible, como si no existiera el misterio o la gracia.

---

[14] K. RAHNER, *Lo dinámico en la Iglesia,* Herder, Barcelona 1968; *La experiencia del Espíritu*, Narcea, Madrid 1980.

- La reforma litúrgica postconciliar ha devuelto su importancia central y su dignidad a la celebración, y, sin embargo, no se llega muchas veces a "sentir y gustar de las cosas internamente" (Ignacio de Loyola).
- Se realizan mejor los ritos externos y se pronuncian las palabras en lengua inteligible, pero a veces todo parece acontecer "fuera" de las personas.
- Se canta con los labios, pero el corazón está ausente.
- Se oye la lectura bíblica, pero no se escucha la voz de Dios.
- Se responde puntualmente al que preside, pero no se levanta el corazón para la alabanza.
- Se recibe la comunión, pero no se produce comunicación viva con el Señor.
- Estamos llenando la liturgia de ruido y la estamos vaciando de unción.
- Hemos introducido moniciones, avisos, palabras, cantos, instrumentos musicales, pero falta sosiego para celebrar desde dentro.

- Los sacerdotes predican y los fieles escuchan, pero, a veces, todos salen de la iglesia sin haber escuchado al Maestro interior.
- Y, casi siempre, seguimos cultivando una oración llena de nosotros mismos y vacía de escucha a Dios.

4

El silencio contemplativo en la sociedad del ruido

La vida monástica está llamada hoy a redescubrir de manera renovada, en medio de esta cultura del ruido y de la superficialidad, ese valor tan esencial y tan suyo que es el silencio contemplativo y la escucha a Dios.

No son pocos los hombres y mujeres que comienzan a sentirse insatisfechos. Les resulta difícil vivir sin meta ni sentido profundo. No basta pasarlo bien. Se necesita algo más, un aliento nuevo, una experiencia diferente que salve del vacío, del desencanto y del absurdo de una existencia tan superficial.

Bastantes están cansados de vivir una vida tan rebajada. Reclaman algo que no es ciencia ni técnica, no es moda ni consumo, tampoco doctrina ni discursos religiosos. De manera a veces confusa e inconsciente, buscan una experiencia de salvación, un encuentro nuevo con lo más hondo de la vida. ¿Quién les mostrará el camino? Esta sociedad necesita testigos y buscadores de silencio y de escucha interior. Hombres y mujeres que apunten con su vida hacia una forma diferente de existencia anclada en lo esencial.

Por eso, sería un error y un pecado que la vida monástica se encerrara hoy en su pequeño mundo, hecho también de otros ruidos y tensiones, de otras seducciones y superficialidades, y se olvidara de esa sociedad que nunca ha necesitado tanto como hoy de maestros y maestras de vida interior.

Las comunidades monásticas están llamadas a ser en medio de la sociedad contemporánea "espacios de silencio", lugares donde se pueda percibir la sabiduría del recogimiento, la armonía de lo esencial, la quietud del espíritu, el ritmo sosegado. Comunidades donde se viva un silencio ante Dios. Solo desde ese silencio podrán luego pronunciar algunas palabras, pocas, profundas, justas, para invitar a una vida más plena y humana.

Pero ¿cómo construir hoy este silencio monástico? ¿Cómo, sobre todo, cultivarlo y purificarlo de nuevas fuentes de ruido y superficialidad? ¿Qué silencio proponer a la sociedad actual? Sin duda, la misma tradición monástica ofrece elementos para una adecuada respuesta. Yo solo puedo sugerir algunas pobres consideraciones desde la sensibilidad del momento actual.

1. Silencio fascinado por Dios

El silencio monástico no es solo silencio exterior. No es "insonorización de un espacio", control de ruidos molestos; no es tampoco técnica terapéutica, vida tranquila, contacto sereno con la naturaleza. Es antes que nada silencio a solas ante Dios. Es ponernos en contacto con lo profundo de nuestro ser, callarnos ante la inmensidad de Dios, adentrarnos confiadamente en su Amor insondable, quedar sumergidos en ese Misterio que no puede ser explicado ni hablado, solo venerado y adorado.

Silencio es entonces acallar los ruidos y solicitaciones que nos llegan desde fuera, acallar sobre todo el ruido de nuestro propio yo con su cortejo de ambiciones, miedos, orgullos y autocomplacencias, para no perdernos la presencia oscura y a la vez luminosa, tremenda y fascinante, pero siempre inconfundible, amorosa y tierna de quien existe sosteniendo y envolviendo nuestro ser.

El silencio monástico no es un silencio ateo. Es silencio lleno de Dios. Es acallar mi ser ante él para reconocer humildemente mi propia finitud: "Yo no soy todo, no lo puedo todo, no soy la fuente ni el dueño de mi ser".

Callarse ante Dios es entonces:

- Aceptar ser desde esa realidad misteriosa.
- Acoger con confianza ese misterio que fundamenta mi ser.
- Descubrir con gozo que hay "algo más", más allá de todo, algo que me trasciende pero que está ahí, fundando y sosteniendo la realidad.
- Saber que puedo vivir de esa "Presencia fundante".

Este enraizamiento en Dios, ¿no debería ser el rasgo nuclear del silencio monástico en medio de una sociedad superficial que va separando a tantas personas de esa Realidad suprema que fundamenta su ser?

Pero el silencio monástico ha de ser además hoy "fascinación" por Dios. El silencio de quien se siente fascinado, seducido, atraído por el misterio de Dios. El silencio de quien ha descubierto que en Dios se encierra lo que de verdad anhela el corazón humano. Él es el único que puede curar ese vacío ultimo del hombre, que nada ni nadie puede llenar. El monje lo sabe. Ha encontrado aquello de lo que se puede vivir. Ya no lo abandonará por nada ni por nadie. Permanecerá en el que es fuente de toda vida. Esta fascinación por Dios es decisiva en esta época de hipersolicitación y seducción de los sentidos.

De ahí se derivan otros rasgos que, a mi juicio, han de configurar hoy el silencio monástico. En esta sociedad de consumo de cosas, el monje no busca "algo" en su silencio, busca la presencia del amado. No quiere nada de él. No quiere cosas. Le quiere a él. Estar junto a él. Vivir con él.

Por decirlo de alguna manera, y en términos tal vez más seductores en nuestros días, se trata de tocarle a él, sentir su vida caliente en nosotros, disfrutar y padecer su presencia amada, sentirlo latiendo en lo más hondo de nuestro ser.

En esta época de "moda plena" y de cambio permanente, parece que al monje se le ha de hacer duro y costoso salir de ese silencio para pasar a otras experiencias. Es cierto que también el monje sentirá su fragilidad y su impotencia para permanecer en silencio ante Dios. Pero aun entonces la fascinación se convertirá en añoranza, deseo y anhelo de Dios, sin diluirse en una vida de dispersión en lo efímero.

En el centro de este silencio y como impregnándolo todo está el amor. Se le ha llamado de diversas formas: "llama de amor viva", "excitación ciega del amor", "desnudo impulso del deseo", descubrimiento de "la música callada".[15]

Cuanto más fuerte es el amor, más profundo es el silencio y más honda la fascinación. Con este silencio, vivido muchas veces de manera pobre y vacilante, la vida monástica introduce en la cultura actual una "ruptura de nivel", que permite vivir una experiencia diferente que esta más allá de otras vivencias centradas en la utilidad, el pragmatismo, la seducción, la moda, o el consumismo.[16]

Viviendo en silencio ante Dios, las comunidades monásticas apuntan hacia lo eterno en un mundo que vive en el cambio y la moda permanente: son signo de lo profundo en medio

---

[15] Ver el excelente estudio de W. JOHNSTON, *La música callada. La ciencia de la meditación*, Paulinas, Madrid 1980.

[16] J. MARTÍN VELASCO, *La experiencia cristiana de Dios*, Trotta, Madrid 1998. Según Martín Velasco, en toda verdadera oración se produce de alguna manera esta ruptura de nivel.

de una sociedad sumergida en lo efímero y superficial; son testigos de lo único absoluto en una cultura volcada sobre lo múltiple e intrascendente. Estas comunidades calladas, vueltas hacia Dios, pueden cuestionar, interrogar, inquietar y evangelizar el mundo contemporáneo.

2. Silencio curador de la persona

Este silencio monástico está llamado hoy a mostrar que es capaz de reconstruir a la persona y hacerla vivir de manera más digna y humana. La sociedad moderna necesita ver que es posible encontrar un fundamento estable y un sentido último a la existencia, que es posible curarse del vacío y la frivolidad, de la separación y de la soledad interior. En concreto, las comunidades monásticas deberían mostrar que el silencio contemplativo es fuente y camino de profundización, integración y liberación interior.

El monje o la monja no es un ser extraño o anormal. Es sencillamente un creyente que ha aprendido o está aprendiendo a "saborear la vida en la fuente"[17]. La vida de la comunidad monástica ha de mostrar cómo se puede vivir hoy desde la raíz de la existencia, cómo es posible liberarse de la superficialidad moderna viviendo en contacto con lo esencial, cómo se pueden utilizar las nuevas tecnologías sin caer en la alienación, cómo servirse de los avances del progreso sin quedar esclavizado por las modas, cómo estar bien informado sin dejarse invadir por el ruido de los medios modernos de comunicación, cómo vivir, trabajar y relacionarse en la vida moderna sin perder la alegría interior y la paz.

Pero, no lo olvidemos, lo que el monje aporta no es una técnica terapéutica más, un método de relajación, un camino de autoconocimiento, una receta más de tantas que ofrece hoy el mercado.

Desde las diversas tradiciones y caminos de espiritualidad contemplativa, la vida monástica muestra a la sociedad moderna las posibilidades de humanización que encierra el silencio ante Dios y la docilidad a su Espíritu.

---

[17] T. RITTER, *Liberer la source. La méditation, chemin de vie*, Cef, París 1982.

- Es el Espíritu de Dios acogido en silencio el que hace vivir en la verdad, el que enseña a saborear la vida en toda su hondura, a no malgastarla de cualquier manera, a no pasar superficialmente ante lo esencial.
- Es el Espíritu de Dios el que conduce suavemente a encontrar una armonía nueva y un ritmo más santo.
- Ese Espíritu hace crecer nuestra libertad interior y nos abre a una comunicación nueva y más honda con Dios, con nosotros mismos y con los demás.
- Ese Espíritu nos trabaja en silencio liberándonos del vacío interior y de la soledad, y nos devuelve la capacidad de dar y recibir, de amar y ser amados en la verdad.
- Ese Espíritu Santo nos regenera, nos hace renacer cada día y nos permite empezar siempre de nuevo a pesar del desgaste, el pecado y el deterioro del vivir diario.

Es esta fuerza transformadora y sanadora del silencio contemplativo la que ha de testimoniar y contagiar hoy la vida monástica.

- Vivir en silencio ante Dios es dejarle penetrar hasta lo más profundo de nuestro ser para, libres de nuestra palabrería, nuestras mentiras y autojustificaciones, comenzar a conocernos a la luz de su verdad.

■ Callados ante él, descubrimos nuestra pequeñez y pobreza, nuestra superficialidad y vacío; sentimos la necesidad de verdad, de amor, de vida y de libertad; nos sentimos necesitados de perdón y transformación.

■ Estar en silencio ante Dios es arrepentirse de "casi" todo y, al mismo tiempo, dar gracias por todo pues ante Dios descubrimos también nuestra grandeza de seres amados infinitamente por él, transformados y salvados por su Amor.

■ Quien vive en silencio ante Dios descubre:

"que el amor de Dios no se ha acabado,
ni se ha agotado su ternura,
cada mañana se renuevan...
Bueno es Yahvé
para el que espera en él,
para el alma que le busca.
Bueno es esperar en silencio
la salvación de Yahvé."
(Lm 3,22-26)

3. Silencio de escucha al ser humano

Quien vive desde el silencio con Dios descubre el mundo, la vida, las cosas, la existencia entera con luz nueva. Su mirada se hace más profunda y amorosa. No se detiene solo en lo anecdótico y superficial. Centrado en Dios y olvidado de sí mismo, no se siente extraño a nadie ni a nada. Es capaz de abrazar interiormente al Universo entero con paz y amor fraterno. Es capaz de escuchar el canto de la Creación y de unirse a la alabanza que desde ella se eleva hasta Dios.

Pero, sobre todo, en el silencio con Dios aprende a escuchar y amar a los hombres y mujeres. Desde ese silencio es más fácil captar todo lo bueno, lo bello, lo digno, lo grande que hay en la vida humana. Y es más fácil también escuchar los sufrimientos y el dolor de los que viven y mueren sin conocer el amor, la amistad, el hogar o el pan de cada día.

El verdadero silencio hace al contemplativo más sensible a los miedos, anhelos y esperanzas de los humanos. Es su experiencia de Dios la que le lleva a amar profundamente a la comunidad humana.

Este silencio ha de llevar hoy a los monjes y monjas a escuchar desde Dios a la sociedad moderna. Callar interiormente es la primera condición para escuchar y amar en verdad al otro. Es el silencio ante Dios y desde Dios el que ha de capacitar a los monjes y monjas a contemplar el mundo con amor, a mirar la Iglesia con ternura y comprensión, a abrir sus corazones y sus comunidades a la acogida.

Solo las personas calladas interiormente saben acoger. Solo las personas que viven en silencio ante Dios, sin hablarse a sí mismas de sus temores, egoísmos y complacencias, saben acoger. Solo las personas que no llevan dentro palabrería, ruido, superficialidad o confusión, saben amar con hondura, pues saben amar desde Dios.

Por eso, cuando la comunidad contemplativa vive cogida por sus tensiones y conflictos, olvida los problemas de la sociedad; cuando escucha solo sus intereses, deja de oír los gritos de los que sufren; cuando vive de manera ligera y superficial, se relaciona con el mundo de manera ligera y superficial. Por decirlo en una palabra, cuando una comunidad es el centro de sí misma, en esa misma medida deja de amar a Dios y deja de amar a la comunidad humana.

Las comunidades contemplativas habrán de acallar sus propios ruidos, olvidar más sus intereses, desoír sus juicios y condenas precipitadas del mundo, si quieren escuchar, respetar, comprender y amar al hombre y la mujer de nuestros días. Para la comunidad monástica, saber escuchar y acoger en silencio es una de las formas más propias de estar cerca del mundo y de amarlo.

5

Proponer el camino del silencio y la escucha

Desde esta actitud de acogida, la vida monástica está llamada hoy a proponer el camino del silencio y la escucha. No desde la autosuficiencia, sino desde la propia debilidad y vulnerabilidad; no desde el aislamiento, sino desde la cercanía y la búsqueda compartida de una vida más digna para todos.

Proponer el silencio en esta sociedad significa dar a conocer un proyecto de vida, una dirección, un sentido, y someterlo a la libre decisión del otro que puede acogerlo o rechazarlo. Esta es hoy probablemente una gran misión del monacato: proponer el silencio y la interioridad como una invitación que nace del amor de Dios a todo ser humano.[18]

---

[18] Ver el estudio de H. J. GAGEY y D. VILLEPELET (dir.), *Sur la proposition de la foi*, L'Atelier, París 1999.

1. Sugerir la interioridad

Quien ha recibido la gracia del silencio ha de ponerla al servicio de los demás (*cf.* 1 Pe 4,10). Su vida, su palabra, su presencia ha de ser invitación permanente a vivir desde la fuente. Las gentes de nuestros días, acostumbradas a vivirlo todo desde el exterior, necesitan conocer la experiencia de un encuentro más hondo con testigos que enseñen lo que es peregrinar al fondo del corazón para encontrarse con la propia verdad.

Esta sociedad necesita testigos que recuerden a todos esta verdad tan sencilla como decisiva: cualquiera que sea el rumbo del mundo, nadie encontrará vida verdadera, ayuda o salvación si no es en su pobre alma maltratada pero habitada por el Espíritu de Dios. Solo ahí se encuentra el camino de la regeneración, el aprendizaje de lo esencial, la liberación de la confusión, el crecimiento de la libertad.

Es cierto que desde fuera no se le puede enseñar a nadie el silencio como no se le puede enseñar a creer o amar, pero se puede orientar y atraer a las personas a adentrarse con paz en su mundo interior. El monje o la monja en contacto con las personas o los grupos que se acercan al monasterio no deberá olvidar lo que san Agustín decía a sus oyentes:

"No penséis que se puede aprender algo de un hombre. Podemos atraer vuestra atención con el ruido de nuestra voz, pero si no hay dentro alguien que os enseñe, ese ruido será inútil."[19]

2. Invitar al silencio cristiano

El monje no solo sugiere el camino de la interioridad, sino que invita a captar la presencia de Dios que sigue ofreciéndose calladamente a cada persona. Un Dios que ni pregunta ni responde con palabras humanas, pero que está ahí, en el interior de cada persona, invitándola a vivir de su amor; quien no lo encuentra en su corazón, difícilmente lo encontrará en la sociedad del ruido y la superficialidad.

El monje no invita a cualquier tipo de recogimiento. Invita a hallar ese "espacio interior" donde la persona puede encontrarse con Dios

---

[19] Ver las certeras consideraciones sobre el magisterio interior de E. Biser, *Pronóstico de la fe. Orientación para la época postsecularizada*, Herder, Barcelona 1994.

y desde él comenzar a vivir con un sentido, una fundamentación y un horizonte nuevos. Para no pocos cristianos que se van alejando de la práctica religiosa, el silencio y la escucha interior pueden ser el camino más corto para abrirse al Dios escondido, pues el verdadero silencio purifica, despierta el deseo de verdad y dispone para la escucha sincera de Dios.[20]

Hay que decir algo más. No son pocos los cristianos que temen el silencio y la meditación, pues tienen miedo a Dios. En sus conciencias ha quedado la imagen de un Dios vigilante, justiciero y condenador con el que da miedo encontrarse. Un Dios que no atrae ni fascina, sino que hace huir. La vida monástica ha de mostrar con claridad que el silencio cristiano solo puede ser vivido sin traicionar su esencia como una experiencia gozosa de amor. Como dice W. Johnston,

"la contemplación cristiana es la experiencia de ser amado y de amar al nivel más profundo de la vida psíquica y del espíritu".[21]

---

[20] T. RITTER, *El silencio, camino de comunión*, Herder, Barcelona 1981.
[21] W. JOHNSTON, o. c., 189.

Estar en silencio con Dios es saberse amado. De este saberse amado nace precisamente la estabilidad del contemplativo y la hondura de su existencia: "Yo soy amado incondicionalmente, no porque soy bueno, santo y sin pecado, sino porque Dios es bueno y santo".

Dios acepta al ser humano con sus contradicciones e incoherencias, su pecado y mediocridad, su vacío, superficialidad e inconstancia. Quien se acerca a él con esta fe confiada, se sabe amado y aceptado, no cae en la desestima ni en la culpabilidad malsana. Son muchos los cristianos que necesitan conocer una experiencia nueva de Dios para aprender a estar a gusto con él, pasando del miedo al amor, de la actitud defensiva a la entrega confiada, de la autocondena a la acogida del perdón.

El monacato cristiano está llamado, además, a ejercer una función crítica respecto a cierta religiosidad que cultiva una interiorización de carácter fusional, que algunos psicoanalistas no dudan en definir como "de estructura simbólico-maternal".[22]

---

[22] E. BIANCHI, *La saveur oubliée de l'Evangile*, Presses de la Renaissance, París 2001, 83-87.

Se trata de una religiosidad que despersonaliza a Dios, elimina la alteridad y la distancia de su realidad suprema y encierra a la persona en el individualismo haciéndola confundir lo psicológico con lo espiritual, la emoción con la profundidad interior, la quietud con la comunión con Dios.

La vida monástica cristiana ha de proponer hoy, frente a otras tradiciones y experiencias, un silencio que es apertura al Dios vivo revelado y encarnado en Jesucristo. Un silencio que no es "inmersión en el abismo indeterminado de la divinidad" o experiencia de la Energía que dirige el Cosmos, sino diálogo con un Dios Padre que nos ofrece su amor personal en Jesucristo.

Por eso, el silencio cristiano del monje no es iluminación de la conciencia ("despertar el Buda", "descubrir el atman"), sino comunicación confiada y acción gracias al Dios Trinitario; no es relajación psícofísica, sino escucha de la Palabra de Dios y de su llamada a la transformación y a la conversión evangélica.[23]

---

[23] Como hermoso ejemplo de silencio de contenido cristiano, puede verse: E. STEIN, *Chemins vers le silence intérieur*, Parole et Silence, Saint Maur 1998: Présentation de V. AUCANTE.

3. Llamar a la escucha interior

¿No está la vida monástica llamada hoy, como siempre, a despertar a la Iglesia de su mediocridad espiritual? De Elías, el profeta que "se puso ante el monte de Yahvé" y descubrió su presencia no en el huracán, ni en el temblor de tierra, ni en el fuego sino en "el susurro de una brisa suave" (1 Re 19,9-13), dice el Eclesiástico que se convirtió en un profeta cuya palabra "abrasaba como una antorcha" (Eclo 48,1). ¿No podremos contar hoy con profetas que nos digan que Dios no está en el "huracán", en la fuerza, el poder arrollador o la arrogancia, que no está en el "temblor de tierra", en la agitación, el ruido y las palabras, que no está en el "fuego", la lucha, el ardor y la pasión, sino en la "brisa suave" del silencio y la escucha del Espíritu?

La Iglesia contemporánea habla mucho. Habla el papa y hablan los obispos, hablan los predicadores y catequistas, hablan los exégetas y los teólogos. La Iglesia habla, enseña, recrimina, aconseja, dictamina..., pero ¿cuándo y dónde escucha a Dios?, ¿cuándo se coloca humilde y sinceramente ante su único Señor?

Los que tanto hablamos de Dios, ¿cuándo y cómo buscamos realmente al que está detrás de esta palabra? ¿Cuándo hablan los teólogos desde su propia experiencia interior?, ¿cuándo gozan y padecen la presencia de Dios en sus vidas? ¿Cómo puede la jerarquía pronunciar tantas veces el nombre de Dios sin que nada "decisivo" suceda en sus vidas? ¿Cómo se pueden escribir y leer tantas obras de espiritualidad sin que el Espíritu haga arder más nuestros corazones? ¿No nos estamos convirtiendo en ciegos que pretenden guiar a otros ciegos, sordos que pretenden hacer oír la Palabra de Dios a otros sordos?

Los que habéis recibido el carisma del silencio contemplativo tenéis que interpelar a la Iglesia contemporánea, nos tenéis que llamar al silencio y la escucha interior, nos tenéis que recordar las palabras de san Agustín:

"¿Por qué gustas tanto de hablar y tan poco de escuchar?... El que enseña de verdad está dentro; en cambio, cuando tú tratas de enseñar, te sales de ti mismo y andas por fuera. Escucha primero al que habla por dentro, y, desde dentro, habla después a los de afuera."[24]

---

[24] S. AGUSTÍN, *In Ps.* 139, 15.

Mientras tanto, los que sabemos poco de todo esto y hablamos de lo que ignoramos, tendremos que recordar agradecidos lo que dice Dios en el libro de Isaías:

"Me he dejado encontrar
de quienes no preguntaban por mí;
me he dejado hallar
de quienes no me buscaban.
Dije: «Aquí estoy, aquí estoy»."
(Is 65,1-2)

Índice